AF218080

Infundio
(cuentos del Coco)

Infundio
(cuentos del Coco)

Marta Boronat Redondo

II Premio Ana Santos Payán
para Proyectos de Libros de Poesía

La Bella Varsovia

ANAGRAMA

Primera edición: noviembre de 2025

© De los poemas, Marta Boronat Redondo
© De la ilustración de cubierta, Marta Boronat Redondo
© De esta edición, La Bella Varsovia
Editorial Anagrama, S. A. U.
Pau Claris, 172
08037 – Barcelona
http://www.labellabarsovia.com

Corrección:
Júlia Sala Reyes

Diseño de cubierta y maquetación:
Sergi Gòdia

Impresión y encuadernación:
Liberdúplex

ISBN: 978-84-339478-8-8
Depósito legal: B. 8310-2025

Printed in Spain

Infundio
(cuentos del Coco)

Por todos los cuentos que nunca serán contados
y por todos aquellos que siempre se contaron mal.

PRÓLOGO

CUENTOS

Negra noche escrita en tinta que tinta las luciérnagas que ya no lucen. Cuentos oscuros que miran las lenguas de fuego encerradas en piedra, narrando historias ya olvidadas. Sombras que susurran ecos del Coco mientras se pasean sus dedos por cuerpos de mármol, sepultados bajo losas de lana que solo al alba olvidan el tormento. Monstruos de huesos y carne danzando bajo un sol de papel, con sus rostros grotescos cosidos a bellas máscaras de porcelana fingiendo no ser su propio ser. Abismal olvido en las huecas palabras de las páginas en blanco, que orquestan tan sincero engaño en los falsos recuerdos de las mentes escritas. Cuentos que contaron, bajo resplandeciente cúpula de cristal y polvo, sin mentiras a medias oscuras verdades, y al correr cristalina corriente arrastraron Tiempo. Espejos rotos en esquirlas por el picoteo de un pájaro que traga dagas que desgarran. Cuentos una vez por monstruos contados, que mienten perdices, que destrozan y destrozo.

SOBRE ENCUENTROS Y SOMBRAS

CUANDO TERMINA DE CONTARME
SUS HISTORIAS

Esbeltos y etéreos dedos acariciando con conocidas brisas los aterciopelados lomos de estantes polvorientos. *Lo observo realizar cada uno de sus movimientos, como quien aferra una antorcha casi consumida en la noche más oscura.* Elecciones destructoras fragmentando congelado corazón, abrazado después por cálidos huracanes de insomnio. *Sé que cuando se detenga habrá escogido, y lo tomará entre sus manos, volviéndose, como cada noche, para buscar mi mirada perdida.* Pasos que no caminan sosteniendo oscuras verdades como sostén no sostenido. *Tiemblo ante cada uno de sus susurros, mientras espero ese momento en que su voz se entremezcla con el danzante crepitar y temo mirar a las ascuas del hogar.* Granate de seda hundida bajo invisible silueta narrando páginas nonatas entre cojines desplumados y lanas deshiladas.

Solo soy capaz de dormir cuando termina de contarme sus historias.

Sombras

Consabidas sus historias tras convenciones marginantes rotulando los negros rincones como populacho maniatado de fratricidio irracional, solo por plumas y pelajes concesiones enjuiciadas en compañía de ignorancia racional. Como cuervos portando entre sus garras las sesgadas almas, que ahorcando en sobrevuelo son sobre tumbas asesinos. Como gatos espantando entre maullidos al falso embrujo del amaestrado engaño, que contemplando sus luceros solitarios son ahogados en pelaje maldito. Como urracas alejando entre sus picos la inequidad de tantos Midas, que perdidos en riquezas matan por el hurto de quien solo obedece al cielo. Como todas ellas, tantas sombras ignoradas y criaturas temidas, alargando proyectados cuerpos bajo puertas y tablones que ocultando dolorosas verdades son por infantes peticiones en calumnias desterradas y marcadas.

Maquillo de frígida fortaleza
el miedo de mis ojos

Transparencia opacada por falso alumbre de metálica cadena apresando en luminosa soga la Luna y todas las estrellas. *Siempre he pensado que la luz de las farolas colándose entre las cortinas hace más oscura la madrugada.* Fatuas luces persiguiendo sombras ya propias de cambiantes esquinas y rincones fantasmales años antes descubiertos. *Cada mañana finjo durante unos instantes más para que no sepan que aún no duermo.* Estridencias sentenciantes como último grano de arena caído sobre cuerpo soterrado bajo dunas neblinosas. *Abro los ojos justo antes de que el ruidoso despertar me delate y abalance las sombras sobre mi pecho.* Claroscuros opresores bajo el alma atormentada por mecánico acontecer del cielo amaneciente sin gotas ni nubes, devorando blanco rostro oculto tras incipientes destellos.

Aferro con fuerza las sábanas al recordar el precio de sus historias y, como cada día, maquillo de frígida fortaleza el miedo de mis ojos.

Feroz

Aullando al platino farol que alumbra las oscuras historias, presente tu feroz sombra aún en el negro telón. Injusto rechazo humano que olvida Naturaleza, confundiendo tu ferocidad con perverso instinto dirigido contra acendradas carnes. Cuentos que cuentan como domas huracanes, que arrasando dorados palacios y mansiones caoba se desintegran amargamente ante míseros cuartitos de duros bloques granate. Señor Impostor timador de siete, que esperando lo esperado venden seis por guante de nieve y nubes, vislumbrado a través de un fragmento roto en el escondite hecho de tiempo y cuco de uno. Constelación Lupus que con grandes ojos vislumbra fantasmas rojos, que con grandes orejas escucha jóvenes susurros, que con grandes dientes perfora la compasión de aquellos hombres que recargan armas con prejuicios atravesándote con su propia crueldad. Señor Feroz cansado que por cansancio se sacia, viendo cómo amenazada roja sombra devora aterrada su enferma anciana. Lobo condenado a ser el cruel villano en cuentos por crueles contados.

Porque las pesadillas también caminan bajo el sol

Páginas que marcan el pasar acompasado, guiando las yemas inertes destellos furiosos del encanto contenido. *Me refugio en su voz para escapar de ellas; él lo sabe, lo comprende bien.* Imágenes dolorosas en la memoria culpada por iguales semejantes del absoluto mediodía. *Con cada palabra que pronuncia arranca otra mentira de mi alma.* Fogonazos segadores injustamente ennoblecidos que arrastran tiranía, mascarada siempre impuesta. *Cada noche elige como quien dispara una flecha certera, atravesando uno a uno el centro de todos mis miedos: ahora sé que también son los suyos.* Respirar entrecortado de acallado llanto junto aquel inexistente salvo en nanas sobre cunas de Artemisa.

Los monstruos no solo habitan las pesadillas, es cierto; ellos habitan la oscuridad; pero ellas están en todas partes... porque las pesadillas también caminan bajo el sol.

Tirano

Dorado trono comenzando las historias de quien con cien siempre tiene diez, como ignorado ignorante deformando propios brotes sobre ramas adoctrinadas con carencias y semillas. Supuesto protector que vendiendo al desamparo apuesta por el cariño escaso que transmuta la valía en baladí, bajo rayos de diamantes por tan visibles nunca vistos entre trazos señalantes hacia cínico dictador. Tallista omnipresente barnizando figuritas de tableros astillados por remplazo al irremplazo en los surcos no pulidos del fértil entierro colección. Tirano falso sapiente como Cronos sin mesura abrazando por asfixia de agotados movimientos vástagos preceptos en nupcias defensivas y otras calculadas. Rodante corona sobre cuentos que encasillan sus todas ambiciosas culpas en marmóleas piezas, tan progenie cual maderas de azul sabia perpetuando en sus «felices para siempre» al padre inepto.

Azul

Innoble presencia inútil en inciertos desenlaces limitados tras manjares que sobre caballos de madera tiñe de impura blancura sus forzadas faldas, como punto final arrastrando hasta siempre por finitos trigales de lucientes ocasos aquellas criaturas de etéreo reflejo a los ojos del Mundo. Lujurioso roce impasible ante anhelos transversados sobre carnosa ternura que despierta, en su inconsciencia, con manos apresadas en esposas congeladas sobre armaduras oxidadas y caminos ya marcados. Yermo fuego fecundamente procreador de establecidos legados engalanados con trajes de oro y diamante, recompensa en hijos del deseado e impecable broche ostentado por maldita virilidad, también en sus mismos dogmas encerrada y oprimida. Azul y mutua prisión de endogaminoso ensueño proyección, cual arma contra latentes libertades aletargadas entre atravesadas páginas por su espada tres veces escritas. Diseñado caballero moribundo entre bosques desconocidos donde ignorando orientaciones en brújulas de papel, y no agarrando dos bastos al auxilio, transforma en ideales destructores los altos árboles quizás protectores de cabañas o espinos o torres.

Dice que no las crea

Horas robadas al sueño imposible que arrastra negros cercos enmarcando el horizonte de la tierra anochecida. *A veces no me encuentro en el rostro que devuelve el espejo, al menos hasta que cruzamos las miradas.* Ascuas subcutáneas pegándose a la piel bajo capas empolvadas que secan las tormentas presenciadas por previo arder. *Cuando estoy a punto de hundirme vislumbro en el fondo su revoloteo de polilla, prometiendo sostenerme.* Iris reflejando el universo oscurecido por estigmas sentenciosos, frustrantes de estrellas caídas.

Dice que la culpa no es nuestra, dice que la culpa es de ellas; dice que no las crea.

Madrinas

Estrella radiante del más alto y profundo fir-
mamento arrastrada ya a las más recónditas y
escarpadas montañas por aquel vendaval ol-
vidado tiempo atrás. Enturbiada pérdida por
deseos de remplazo entre cerrados cuartos y
polvorientos pasillos, cubriendo bajo sábanas
blancas los apilados recuerdos en los apenas
alumbrados desvanes de la memoria. Ráfaga
sentida por escalofríos tras océanos que aho-
gan y desbordan todos los reflejos de los dema-
crados rostros sobre sucia agua, conteniendo
con varas agitadas cada grito tragado y jamás
escuchado por nada ni nadie. Alternante esen-
cia entre brillante y hermoso revoloteo o sa-
piente y arrugada alma, apareciendo entre los
comprimidos muros de sus fortificados pala-
cios bajo una irónica sonrisa plateada, que solo
tras verticales ríos de agua, fuego y sal se ma-
nifiesta como falsa soga, saciando a quien es-
pera la sedienta salvación asomando sobre las
piedras del pozo. Así de ahijadas son las enso-
ñaciones de las inexistentes madrinas ideadas
entre lúcidas parálisis, escribiendo con agu-
jas de reloj toda esperanza de las tormentosas
mentiras mil veces borradas. Auxilio que nun-
ca llega para las blancas y suaves sombras apre-
sadas tras armaduras de insomnio, rechazando
sus propios cuerpos profanados por las huecas
esperanzas de los sueños imposibles.

MALVADAS

Albores sobre prados de verdes hierbas que proyectan, mecidas en el aire, las doradas semillas de vetustos robles contemplando desde lo alto de aquellos acantilados la inmensidad de lo nunca conocido por los aprendidos vuelos de las mentes desatadas. Ateneico poder cultivado entre la fría tierra de hombres necios, impacientes arquitectos de cadalsos y sepulcros construidos con misógino olvido. Falsas Escrituras de sangrante pureza que encierran bajo rótulos malditos sanadoras, sabias, curanderas; amantes de Pan mientras contaminados dedos señalan sus imposibles sombras al sol del mediodía. Portadoras de pies descalzos dejando en huellas sobre cuarzos de cinco puntas sus ascendentes gritos, atados a esas chispas prendidas por miedo y odio furiosamente en hogueras alzados. Abruptas son las llamas subiendo bajando abrasando consumiendo, camuflando evaporadas aguas acunadas solo por Plateada Madre en su ardiente silencio escarchado.

Noches y cazas arrastrando tras sí polvo abrazado por ennegrecido humo entrevisto con ojos ciegos de falsas lenguas, como carcajadas en la hora de las negras criaturas de mohosos rostros y repugnantes brebajes de malvadas madrastras, que contarán las mentiras ahogadas en el ígneo legado de sus ojos.

Pero todos ellos lo saben; aquellas son sus hijas infinitas, también hijas de las cenizas y del fuego.

SOBRE ENCUENTROS
Y SU ANTOLOGÍA

QUE MENTÍAN AL CONTAR SUS CUENTOS, ÉL ME LOS CONTARÍA BIEN

Recuerdos de parálisis visitantes confundidas por inculpantes tatuajes en alma aún sonrosada con sangrantes constelaciones. *Antes los temía a ellos; hasta que el dolor me hizo valiente.* Un atisbo antiguo bajo inútiles rebaños escrutando sus contornos monstruosos en inevitable desvelo. *Una noche les grité que se marcharan, al final fueron los únicos que no lo hicieron.* Días si no dagas retorciendo los pulmones por miradas afiladas y palabras congeladas de las vivas pesadillas por bonitos rostros defendidas.

Recuerdo la primera vez que me atreví a buscar su mirada; fue entonces cuando me prometió que mentían al contar sus cuentos, él me los contaría bien.

Espuma

Tridente divino portado por divina marea, como río de entre cuyos gélidos afluentes una indómita dualidad es coronada menor. Princesa de saladas aguas huyendo de verdades, mientras sueñas sueños de imposibles que olvidas olvidar al llegar aquellos farolillos desterrantes de tus falsos mundos escritos en cuentos. Ígnea llama que bajo océanos no mueres, pero mortalmente consumida bajo el techo de Urano creación. Brújula de corrientes perdida ante bípedo dolor, poniendo precio al silencio que roba los trinos de tu ave cantora cuando las monstruosas sombras prometen alumbrar la mismísima oscuridad. Caminos sobre candentes dagas por el sendero cubierto de falsas rosas, que el recuerdo de la colgante arena en su jaula de cristal convierten en óseas perlas presagio de traición. Tormentas surcadas sobre un mundo de madera y cabos, donde puertas abiertas derrumban tu muro construido con ladrillos de esperanza. Esos cuentos que cuentan tu amor traicionado nublando con negros cuervos tu mente, y abrazando el vacío conviertes tu alma en la más inerte espuma.

CENIZAS

Reflejo de dos almas enterradas, ahijado de pesadillas, como mariposa rotulada entre cenizas por tu cuento suficientemente contado. Brillante astro que tapando con tus luces dos polillas moribundas recibiste el finito abrazo eterno de la esperanza, mientras ellas, ambas, fueron por tus mismas pesadillas desmembradas. Tus lágrimas recogidas por diminutas ventanas que roídas y en cristales talladas fueron carruaje de tu blanca promesa, ni en la hora de las brujas posible de envenenar. Mientras, pobres idénticas malditas por la misma furia que las portó en la nada, que ante promesas de altísimos resplandores por impropia escultura de hielo y ansia fueron mutiladas y olvidadas.

DURMIENTE

Soñadora actuando tras los gruesos telones del teatro de Morfeo cerrados siempre para ti, mientras espectadores vislumbran tu inmortal sombra traicionada a través de la densa neblina de cuentos que ya no cuentan. Mentiras al tintar tu esculpida esencia rescatada de profunda celda de sedas y suspiros, por verdadera ensoñación causa de inmortales llamas, flecha de divino ardor. Diablos olvidados, aquellos teatros donde luces y sombras mostraron tu blanco velo cosido con única aguja ser desgarrado por felina garra, lloviendo de tu triste alma dos idénticas gotas vástagas de agua y sangre. Historias destrozadas olvidando que con resurgir Durmiente Fénix de entre sus cenizas, consumió con su llameante plumaje a la agónica compañía de tu Monstruoso Príncipe. Neblinas disfrazando deseo de amor mientras olvidaban que con su postergado amanecer Azul Infiel cortó aquellos hilos de la engañada, mintiendo con Final Feliz.

Maravillas

Duermevelas de locura entreviendo blancos brincos bajo techos infinitos que suplantan los oníricos recuentos inyectados por sangre y tiempo en oro y algodón. Carreras imposibles hasta pozos infinitos tajando con cerrojos infantiles de tragos encogidos y bocados ahogantes en acendrados sinsentidos, juegos miles. Excesos y rechazos de preguntas inmutables por mutable ser creciente en aleteos interiores, defectos naturales. Meriendas desquiciantes excesivas y excedidas por sonrisas deslumbrantes, sempiternas, libertinas, bajo insómnica cafeína que cabalga al corazón hasta jardines despóticos entre partidas decapitando con mil naipes afilados entre espinas blancas, rojas, blancas. Maravillas translúcidas en muñecas rechazadas, transformando pinceladas cual purpúreo brazalete bañando en granate icor de tantos sueños frustrados tras puertas y doseles con metálicos seguros, encuerados en años pasados que no vuelven y complican.

CERILLAS

Solitario témpano errante entre veloces gigantes, ciegos ante las blancas balas que perforan tu inocente espíritu fortificado bajo trapos y armado con ballestas de cerillas. Vendedora invisible para los ojos hipócritas que buscarán sus escasos sueños en páginas de nuevo libro, escrito por doce duendecillos entre forzadas sonrisas devorados. Caminante de cristal incapaz de derrumbar los luminosos muros limitantes del Olimpo al menos un día más, encomendada a danzantes chispas que con el cálido vuelo de sus faldas dibujan tu ilusión. Río contemplando cómo lágrima de fuego rasgaba las negras sombras del firmamento, mientras recordabas perdidas voces relatando angelicales vuelos marchitadas entre Puentes de Dos Mundos. Recuerdo de pasadas sensaciones que fueron a buscarte, y como enlazadas energías dejasteis para siempre el blanco manto sobre el cual, al pasar la aurora, descubrió tu inerte cuerpecito.

TÍTERE

Cuervo de plata y sombras que arrancando el prematuro lirio del artesano derramaste por esta vez la tinta timonel de su historia. Canosa Bondad que con callosos instrumentos compusiste una cruel melodía de aroma a pinos y luengas mentiras. Añorado eco de quien el Hades se llevó, ingrata criatura atormentando a su creador, inconsciente asesino aplastando tu inconsciencia tras oírla grillar, ciega desobediencia que abrazando sombras ignoraste claridad. *Ad interim* Anciano Doliente, devorado por la inmensa pena que, mientras esta se ahoga en las insondables aguas saladas de su hogar, decides alzar en su interior el tuyo. Ignorando esto titiritero de tu historia que te dejaste titiritar, títere que pudiendo surcar la mentira y ser niño de verdad, por contar falsos cuentos de un masticado centavo su valía, acabaste ahorcado de las ramas como títere de verdad.

Jamás

Soñador soñado que vistiendo plumas verdes vuelas alto, tan alto entre doradas ardientes como cofres de oro y fuego celando todos los sueños de los que son y no serán, de los que eran y olvidaron ser. Destello esperanza encadenado a campanilleantes ilusiones, diminutas ráfagas que contemplan desde una punzante esfera hecha de piedra y cristal, un mundo maltratado por el ruido paseando sobre los adoquines de muerte mientras respira el negro humo que devora las diminutas velas enterradas. Susurro perdido que gritando desde tu manto negro salpicado de lágrimas derrumbas en pedazos el alma de las pálidas fachadas ojerosas, robando pedazos de los pétalos casi marchitos encontrados entre escombros y ruinas. Hijo olvidado de Futuro, volando todo recto pastoreas tu inocente rebaño por el camino luciente hacia la tercera, hasta que los brazos del alba asfixien los oscuros espectros. Monstruo disfrazado por cuentos que olvidaron cómo tu oscura sombra huía de sus propios abismos al llevártelos a donde Nunca Jamás Volverán. Sombra sin sombra por cuentos amada, cuentos que ahogaron el único Tic-Tac al que por crecer no pudiste matar.

MIGAJAS

Angustia tras la luz del ocaso empañando los ojos al guardián de dos tiernos brotes alzantes aún de sendas hojas hacia un sol recién eclipsado. Maternal carencia material suplantada por odioso foco confundido y encerrado tras umbrosos disfraces de crueldad incomprendida, mientras perdonado paternal abandono ante hambrunas de progenie es tres veces convicción. Reiterados caminos que escritos con migajas son por ligeras plumas devorados y perdidos tras pasos resonando sobre baldosas de pesadillas endulzadas. Quizás conocidas sean las proyecciones tras goloso canibalismo encerrando rollizos huéspedes ante ascuas nacientes, que entre guisados miedos con mentiras son arrojados al hogar de la anciana maldición. Errónea libertad que, en huida pensada y encaminada por las risas al oro robadas, lleva la ignorancia de años escasos a la puerta para ellos cerrada. Sincera y cruenta prisión donde solo resplandores ajenos tras nueva lápida de riquezas enterradas compran para ellos el amor del padre.

Arlequín

Sucias pardas que hace muchos cuentos enfermasteis el país cuya sincera mentira fue alzarse reino de Todos los Hombres. Roedora desesperación que buscó el color de Grotesco Arlequín, heredando este su arma en el seno de la mismísima Euterpe e hipnotizando con ella la fiebre de Terpsícore. Decisiones de ingratos escribiendo los pentagramas en blanco que cantarían la historia maldita, condena a pagar el precio de la ignorancia con vuestras inservibles lágrimas. Hambre de Melódica venganza convertida en marchante infinito Lineal, trino dulce tan asesino quizá solo inalcanzable por el tullido gorrión. Cien y otros treinta sueños persiguiendo el son de una inercia que los quiere destruir, último recuerdo de una y dos y ochenta y cuatro o más moribundas sombras que quedaron enterradas, incertidumbre ya inmortal de qué carnes se quemaron en esa noche de San Juan.

Porque siempre olvidan que el mayor de sus temores se llama Humanidad

Calma silenciosa en los sueños oscurecidos subsistiendo entre las sombras. *Sí, la noche está llena de sus monstruos; yo no los quemo como el sol.* Pavores inseguros en las calles alumbradas huyendo entre el gentío de aquellos que ensordecen. *Los temen, porque saben que están ahí pero no los ven; porque en el fondo aún los sienten.* Vidas maltratadas por antropomórficas luces como realidades silenciadas entre oscura incomprensión. *Desfiguraron en su nombre los cuentos que temían recordar, que forzaron a creer; él lo asumió demasiado pronto, yo lo entendí muy tarde.* Palabras que encadenan alma etérea de guardián bajo cielos sin estrellas en danzas no dirigidas. *Cuando solo alumbra el rielar de plata, vislumbran todo aquello que un haz dorado oculta con su brillo, o más bien intuyen todo aquello que no ven ni verán.* Siluetas desdibujadas y encaradas por facilidades escogidas olvidando la pregunta de qué luz fragmenta sus retinas. *Ellos son sus miedos y carencias, los ecos de aquello a lo que renuncian; solo buscan devolver lo que olvidan, y por eso los odian.* Deformaciones obligadas bajo hogueras narrando en el tiempo de las sombras el temor tácito no anunciado al pleno cénit del que beben.

«El día ilumina tanto que les ciega», me dijo una noche, «y la ceguera les permite inventar fáciles mentiras para

olvidar que de lo que huyen no está bajo tu manto, que lo que destrozan en sus historias no está tampoco en mí... que es parte de ellos; porque siempre olvidan que el mayor de sus temores se llama Humanidad.»

Elegías del Coco

NIEVES

Por tu exilio cierto, Margaretha von Waldeck, permitiendo sin embrujo el Demiurgo de tu pieza poseedor de tu peón. Por los besos de aquel compartidos en cien labios, rechazando el jugador sin tal razón a aquel tu príncipe que de embrujo no salvó. Por aquellos marginados todos, que adorando fugaz vida impidieron el descanso tras leyendas del anciano travestido con veneno del prohibido fruto, atentado infante.

Por los árboles enfermos de tu frondoso bosque, María Sophia von Erthal, callando museos de parlantes vidrios ególatras en sordura ante el reflejo de tu espejo. en tu caso reiterado jugador regalo maldito. Por tus años también cegantes del sentir con sacrílego internado sin tal azul, a no ser otro que úrneo transformar de encierro eterno ya.Conocidas son las nieves de escarchada bondad, arropando en manto blanco temporal sobre aquellas historias de tan contadas nunca dichas. Sendos celadores cabalgando en fantasmas hacia allende los prejuicios, ciñendo la malicia con corpiños que constriñen el reuso. Minúsculos pigmentos marchantes siete sobre séptimo ascenso, esclavizando sus forzosos descensos como indigno alimentar del pueblo caricaturizante entre coloridos eufemismos.

Desconocidas son las vidas de finales suplantados por danzares abrasivos de conforme mortalidad.

Blanche Monnier

Ladera de violetas wisterias por la que al discurrir, la corriente de oro oculta el tormentoso oleaje encadenado en su interior. Violentas mareas las acontecidas, incapaces de excusar entre sus sombras el triste fantoche que encarnó la falsa presa acuchillada con sangrante tinta sobre gruesas páginas. Versos que no cuentan cuentos sino historia alzada sobre temblorosos pilares de humana bestialidad, devorando todo atisbo de las bellas torres incrustadas entre cielo y algodón, pintadas entre cálidos farolillos con blancas plumas y escamas esmeralda. Gritos desgarrados con fuego en la memoria del Mundo, como reflejo de la sempiterna claridad de nuestros falsos monstruos. Ensoñaciones de aquellos incapaces de soñar reflejando la perversa putrefacción de auténticas almas desalmadas. Ejemplo como arenoso grano del desierto mostrando cuántos cuentos jamás se escribirán, cuántos espíritus vagarán entre cuartos añorados mientras cien voces compondrán un Himno a la Mentira, cuántas injusticias anheladas y vidas destrozadas. Porque tu caso no se cruzó con valiente caballero que escalaría piedra a piedra el muro de opresión, deslizándose las sombras con vuestro ardiente fuego, hoguera de brujas. Por tu «y fueron felices»

perdido en los Valles de Locura que solo fatal
fría tierra borró sobre fría losa.

Blanche Monnier, por olvidar tu historia.

Epílogo

Érase una vez una niña que abrazó al Coco

Murallas arropadas de entonces ya derruidas por senderos señalando hacia bosques intocables. *Solo resuenan sus pies magullados corriendo entre los árboles; no duda, sabe dónde encontrarlo.* Denso follaje mecido por las brisas que arrastrando mil aullidos la conduce entre los huecos en sus hojas. *Él prometió protegerla de las mentiras del mundo; ella contar sus cuentos.* Inconmensurable firmamento en la fría noche atestiguando sus estrellas como constelaciones extinguidas. *Y de repente, la Luna lo vio.*

Érase una vez una niña que abrazó al Coco.

ÍNDICE

Esta primera edición
en **La Bella Varsovia**
de **Infundido (cuentos del Coco)**,
de **Marta Boronat Redondo**,
se terminó de imprimir
en Barcelona
el 10 de septiembre de 2025.

¡Ojalá te haya interesado esta lectura!
Si ha sido así, te animamos a compartirla
en tus redes sociales.
Tenemos perfiles como @labellavarsovia
en Facebook, Instagram y X.
Y en nuestra web, labellavarsovia.com,
encontrarás información
sobre todos nuestros libros.